HISTOIRE

LAMENTABLE, D'VNE

IEVNE DAMOISELLE FILLE du Chaſtellain de Bourg en Breſſe, condannée à mort au Parlement de Dijon, menée au ſupplice, & miraculeuſement ſauuée.

Enſemble la mort de l'executeur & de ſa femme, par la populace.

A PARIS.
Chez ADRIAN BACOT, ruë des Carmes, à l'Image S. Iean.

M. DC. XXV.

LETTRE D'VN GENTIL-
homme, enuoyée à vn sien amy.

MOnsieur ie vous escripts l'histoire la plus pitoyable & la plus approchante de miracle que vous ayez iamais ouye, c'est qu'vne Damoiselle fille du Chastellain de Bourg en Bresse, nommée Helene Gillet, aagée de vingt & deux ans, soupçonnée d'estre enceinte, & sur ce soupçon delaissée & abandonnée des autres Damoiselles de Bourg. Il arriue qu'au mois d'Octobre dernier, on prit garde que ses flancs s'estoient abaissez, on en faict quelque plaincte a la iustice le Lieutenãt particulier ordóne qu'elle seroit visitée par les matronnes, qui demeurerent d'accord qu'elle s'estoit deliurée, il n'y auoit pas quinze jours. Sur ce rapport on la met en prison, & suiuant ce qu'on a accoustumé elle fut ouïe & repetée: ses responses & repetitions furent fort extrauagantes & pleines de contrarietés estant comme elle estoit lors destituée d'assistance & de conseil & poursuiuie rigoureusement par ses Iuges mesmes. Bien demeuroit elle d'accord qu'il y auoit quelques mois qu'vn ieune homme, voisin de Bourg qui demeuroit au logis d'vn sien Oncle venant chez son Pere pour apprendre a lire & escrire à ses freres, l'auoit connue vne fois seulement au moyen d'vne seruante de sa mere qui l'auoit enfermée dans vne chambre auec ledit ieune homme qui la força. Qu'il estoit vray qu'elle n'auoit appellé du secours, tant elle estoit esperduë. Que quelques iours apres estant sur les priuez pressée comme elle croioit d'vn flus de sang, il luy se-

roit tombé quelque chose extraordinaire mol & flatueux, qu'vne seruante a qui elle auoit dit ce qui luy estoit
arriué, luy auroit faict entendre
qu'elle estoit deliurée d'vn faux ger-
me. Sur c'este confession on visite le
lieu ou elle disoit que c'este mole luy
estoit tombée, on n'y trouua aucune
chose de ce que l'accusée confessoit,
comme on estoit en peine sur ce
qu'on iugeroit, vn soldat se prome-
nant vit dans vn creux qui estoit au
pied d'vne muraille voisine d'vn
Iardin qui appartenoit au Pere de
l'accusée, (vn Corbeau qui tiroit
quelque linge auec peine) il s'appro-
che pour voir ce que c'estoit, il trou-
ue dans ce linge le corps mort d'vn
petit enfant, il en aduertit la Iustice
on croit asseurément que c'est celuy de l'accusée par vne coniectu-
re indubitable. Car outre qu'elle
ne pouuoit monstrer l'enfant du-

A 3

quel elle estoit accouchée, celuy cy estoit enueloppé dans vne chemise de mesme toille & de mesme grandeur que celle que l'accusée auoit vestuë, ayant mesme au dessoubs de l'ouuerture d'enhaut ses deux premieres lettres du nom d'Helene Gillet, sçauoir vne H. & vn G. elle denie neantmoins que c'est enfant fust a elle, dit qu'on pouuoit luy auoir desrobé cette chemise dans laquelle il estoit enueloppé, & qu'elle n'auoit iamais fait enfant formé. En fin il y a sentence au presidial de Bourg par laquelle elle fut condemnee a auoir la teste tranchee. Elle appelle de cette sentence au Parlement de cette ville de Dijon. Elle y est conduitte par deux archers, des mains desquels elle pouuoit facilement estre arrachée, si elle n'eust esté abandonnée de tous ces parens, excepté sa mere qui l'accompaigna iusques en cette ville, ou estant elle se rendit à la Conciergerie du Palais sans autre escorte que de celle d'vne simple femme, auec esperance de monstrer à ce qu'elle disoit, son innocence à Messieurs du Parlement, Monsieur Iacob luy fut donné pour rapporteur, le mecredy matin auant la leuée de la Pentecoste, on ouure le proces. Ce fut merueilles de ce qu'il ne fut acheué en vne entrée, car on ne faisoit estat que d'vne heure seulement pour le iuger. On remet le iugement au lendemain, a cause que les autres iours estoient ou feriales ou de Commissaires. Au Lundy qui estoit la derniere entrée de Messieurs, a laquelle il sembloit que Dieu reseruoit cette pauure accusée pour nous faire paroistre quelque chose extraordinaire de sa iu-

stice. La sentence fut confirmée, & contre les formes ordinaires, il fut dict que la condemnée seroit conduite au supplice, la hart au col: ce que ie n'ay iamais veu pratiquer allieurs, sur ceux qui sont condemnez a auoir la teste trenchée. Aussi cela estonna plus la patiente que la lecture qu'on luy fist de son Arrest. Entre les trois & quatre heures apres midy elle fut menée au Morimont, assistée de deux Iesuites, & deux Capucins. Le Bourreau qui s'estoit communié le matin dans la prison, tremble, s'excuse au peuple sur vne fieure qui le tenoit depuis trois mois, le prie de luy pardonner, ou il manqueroit a son deuoir. Cependant qu'on exhortoit la patiente à souffrir constamment la mort, il donne toutes les marques d'vne grande inquietude, il chancelle, il se tord
les

les bras il les esleue au Ciel a-
uec les yeux, il se met à genoux,
se releue, puis se iette a terre, demande pardon à la patiente puis
la benediction aux Prestres qui
l'assistoient. Ie ne vous ay enco-
res rien escript, n'y ne vous escri-
ray aucune circonstance que ie
n'ay veuë, & entenduë de si pres
qu'autre que moy ne vous peut
escrire ce qui c'est passé sur ce su-
jet auec plus de certitude & de
verité. En fin le Bourreau apres a-
uoir souhaitté d'estre en la place
de la condamnée, qui tendoit le
col pour receuoir le coup, il haus-
se le coutelas : il se fait vne huée
du peuple. Les Iesuites & les Capucins crioient IESVS MARIA.
La patiente se doute du coup, porte les mains à son bandeau, des-
couure le coutelas, frisonne, puis
se remet en mesme assiette qu'au

B

parauant. Le Bourreau qui n'entendoit pas son mestier luy faict hausser le menton & retirer le col, pour la prendre de costé, & a l'instant luy descharge le coup sur la machoire gauche, glissant au col dans lequel il entre du trauers d'vn doigt. La patiente tombe sur le costé droict, le Bourreau quitte só espee, se presente au peuple & demáde de mourir, le peuple s'esmeut, les pierres volent de tous costés, la femme du Bourreau qui assistoit son mary en c'este execution releua la patiente : qui en mesme temps marcha d'elle mesme vers le poteau, se remit a genoux, & tandit le col.

Le Bourreau esperdu reprend le coutelas de la main de sa femme, & descharge vn second coup que la pauure miserable receut sur l'espaule droicte, sans la blesser que legerement, la colere du peuple recommença plus fort qu'auparauant, le Bourreau se sauue en la Chapelle qui est au bas de de l'eschafaut, les Iesuites apres, puis les Capucins, la femme du Bourreau demeure seule auec la patiente, qui estoit tombée sur le coutelas, duquel asseurement elle se fust seruie si elle l'eust veu. Elle print la corde auec laquelle la patiente auoit esté menée au suplice & la luy met au col, la patiente se deffend & iette ses mains sur la Corde, c'este femme luy donne des coups de pied sur l'estomach & sur les mains & la secouë cinq ou six fois pour l'estrangler. Puis se sentant frappée a coups de pierres, elle tire ce corps demy mort la corde au col, la teste deuant a bas la montée de l'eschafaut, comme elle fut au dessous proche des degrez qui sont de pierre, elle prend des ciseaux qu'elle auoit apporté pour couper les cheueux à la condamnée, auec ces ciseaux qui estoient longs de demy pied, elle luy veut couper la gorge comme elle n'en peut venir a bout, elle les luy ficha en diuers endroits.

Cependant le Bourreau qui estoit a genoux dans la Chapelle receuoit force coups de pierre qu'on luy iettoit. Les Bouchers & les Massons vouloyent rompre la porte la fureur de la commune estoit grande. On crie sauue la patiente, les Capucins & les Iesuites, eux auec le Crucifix en la main ouurent la porte & sortent les premiers auec les Capucins, apres auoir receu quelques coups, mais legers, en passant au trauers de la place.

Deux de ceux qui entrerent les premiers au bas de l'eschaffaut trouuerent la femme du Bourreau acharnée sur cette pauure fille, ils la luy arracherent des mains ostent la corde du col a la patiente & la chargent sur leurs bras. Elle estoit alterée de la frayeur qu'elle auoit euë de la mort, & des coups qu'elle auoit receus, elle demande a boire, on luy en baille, elle but & puis s'arrestant pour reprendre ses esprits.

Ie sçauois bien, dit elle, que Dieu m'assisteroit en mon innocence. De la elle fut portée au logis d'vn Chirurgien, nommé Iaquin qui demanda permission de la penser. Ie me trouuay en ce moment parmi les Medecins & Chirurgiens, a la visite de ces playes. Elle auoit outre les deux coups d'espée, six coups de ciseaux, vn qui

B 3

passe entre le gosier & la veine iugulaire, vn autre sous la leure d'embas, qui luy esgratigne la langue & entre dans le palais: vn au dessous du sein, passant entre deux costes proche de l'emboiture de l'espine du dos, deux en la teste assez profonds quantité de coups de pierre, les reins entamées fort auant du coutelas sur lequel elle estoit couchée. Lors que la femme du Bourreau la secouoit pour l'estrangler, elle auoit le sein & le col meurtris des coups de pied que la bourrelle luy auoit donnez: Cependant qu'on la pensoit, elle se tourna de mon costé & me demanda si elle n'auroit point d'autre mal que celuy la. Ie luy dy qu'elle prinst courage que Dieu & ses Iuges prendroient son party, que pendant quinze iours de vacation qui alloient estre au Pafais a cause de la feste, elle auroit loisir d'enuoyer au Roy, & que asseurement sa Majesté luy donneroit son abolition. Voila la premiere consolation qu'elle receut, la seconde fut lors qu'on luy apporta sa robe qui estoit demeurée sur l'eschafaut, Monsieur Fiot Vaugimois arriuant quelque temps apres qu'on luy eut changé de lict, luy promit toute sorte de courtoisie de la part de ses iuges, s'y a ce matin, dit elle, ils n'en ont point fait a vne innocente ie n'en attens point que le martire. Depuis elle est tombée en de grandes inquietudes, auec vne fieure continuë, & si bien tost on ne luy apporte ses lettres d'abolition par le courrier qu'on a enuoyé expres, elle mourra de maladie.

I'oubliois a vous dire que pendant qu'on l'enleüa du Morimont le Bourreau & sa femme furent tuez a coups de pierres de marteaux & de poignards. Voila la fin de ceste tragique histoire en laquelle il faut croire que les Iuges ont prononcé selon leurs consciences, mais Dieu en a disposé d'autre façon.

FIN.